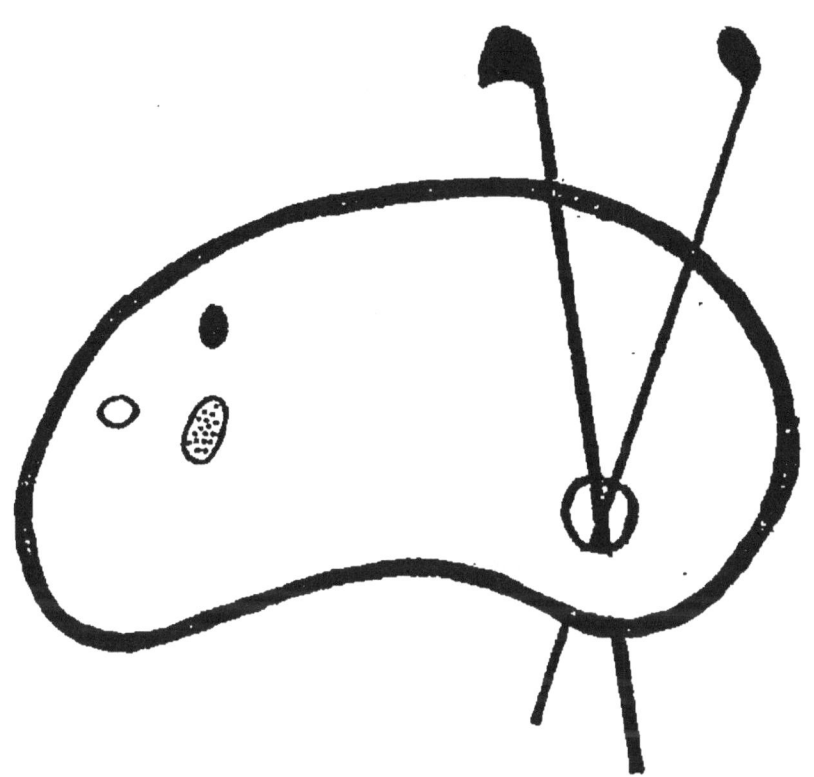

DEBUT D'UNE SERIE DE DOCUMENTS EN COULEUR

Extrait de LA CONTROVERSE ET LE CONTEMPORAIN.

L'ESCLAVAGE

EN AFRIQUE

PAR

A. LEPITRE

Professeur à la Faculté des Lettres.

LYON

IMPRIMERIE & LIBRAIRIE VITTE & PERRUSSEL

30, RUE CONDÉ, ET PLACE BELLECOUR, 3

1889

LA CONTROVERSE

ET

LE CONTEMPORAIN

Publié sous la direction

D'un Comité de Professeurs des Facultés Catholiques de Lyon

Avec le concours

DE NOMBREUX SAVANTS ET ÉCRIVAINS CATHOLIQUES

REVUE MENSUELLE PARAISSANT LE 15 DE CHAQUE MOIS

On s'abonne au Secrétariat général des Facultés catholiques, rue du Plat, 25; chez MM. VITTE ET PERRUSSEL, *libraires-éditeurs, place Bellecour, 3, et dans tous les bureaux de poste.*

Le meilleur mode d'abonnement est l'envoi d'un mandat-poste de 20 francs à l'adresse du gérant (M. l'abbé CHATARD, **Facultés catholiques**, *rue du Plat, 25, Lyon*), *ou à celle des libraires de la Revue* (MM. VITTE ET PERRUSSEL, *place Bellecour, 3.*)

Lyon. — Imprimerie Vitte et Perrussel, rue Condé, 30.

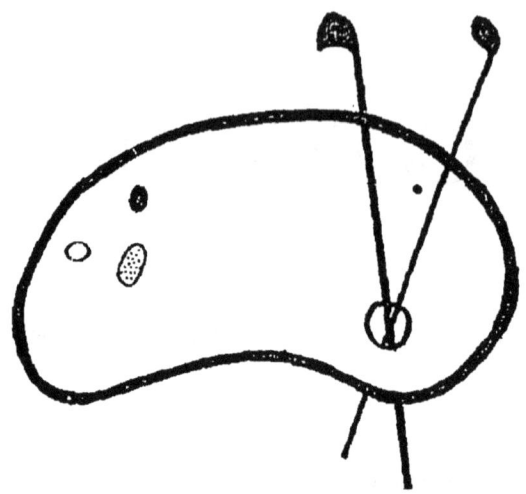

FIN D'UNE SERIE DE DOCUMENTS
EN COULEUR

L'ESCLAVAGE EN AFRIQUE

Extrait de LA CONTROVERSE ET LE CONTEMPORAIN.

L'ESCLAVAGE

EN AFRIQUE

PAR

A. LEPITRE

Professeur à la Faculté des Lettres.

LYON

IMPRIMERIE & LIBRAIRIE VITTE & PERRUSSEL

RUE CONDÉ, ET PLACE BELLECOUR, 3

—

1889

L'ESCLAVAGE EN AFRIQUE

A l'heure qu'il est, au milieu des légitimes préoccupations que causent les divisions des partis ou la crainte d'une guerre européenne, une question a réussi à s'emparer de l'opinion publique, à susciter les plus nobles dévouements et à provoquer les plus beaux actes de générosité : il s'agit de l'*Esclavage en Afrique*. Ce n'est pas cependant pour la première fois que cette question était proposée à l'attention du monde civilisé et aux résolutions des puissances chrétiennes. Le Congrès de Vienne, en 1815, et la Conférence de Vérone, en 1822, avaient pris les mesures les plus efficaces pour empêcher le commerce des esclaves. Grégoire XVI, rappelant les efforts incessants faits par ses prédécesseurs et par les prédicateurs de l'Evangile pour la suppression de l'esclavage, terminait ainsi une de ses encycliques : « En conséquence, et en vertu de notre autorité apostolique, nous réprouvons toutes ces choses comme indignes du nom chrétien, et, en vertu de cette même autorité, nous défendons, nous interdisons à tout ecclésiastique et à tout laïque de considérer le commerce des nègres comme permis, sous quelque prétexte que ce soit, ou de prêcher et d'enseigner, soit en secret, soit en public, de quelque manière que ce soit, une doctrine en contradiction avec cette lettre apostolique. » (3 décembre 1839.) Buxton avait fondé à Londres la *Société antiesclavagiste*, dont le nom indique assez le but, et dont les efforts constants sont dignes de tout éloge. Les voyageurs qui avaient pénétré au centre de l'Afrique, n'avaient cessé de protester contre les horreurs dont elle était le théâtre, et les avaient signalées à l'attention de l'Europe. Enfin, un savant dont la ville de Lyon peut être fière, et dont le caractère élevé surpasse encore la science incontestée, M. Berlioux, avait traité cette question dans une étude spéciale, publiée en 1870, et intitulée : *la Traite orientale, Histoire des chasses à l'homme organisées en Afrique depuis quinze ans pour les marchés de l'Orient*. Mais son appel, pour éloquent qu'il fût, avait trouvé peu d'écho : on frémissait d'abord d'indignation en apprenant les crimes des esclavagistes, puis on se persuadait trop facilement que le mal était sans remède, et on en prenait son parti. L'Acte général par lequel la Conférence de Berlin a constitué l'Etat libre du Congo, et qui a été accepté par toute l'Europe, interdisait l'esclavage, et réglait que toutes les puissances signataires concourraient de tout leur pouvoir à l'abolition de la traite. Cependant on attendait je ne sais quelles occasions pour mettre à exécution les articles qui concernaient l'esclavage : les négriers continuaient leurs exploits, et le Haut-Congo devenait de plus en plus un désert.

Mais voilà qu'un grand pape, prenant en main la cause de la liberté humaine, et désireux de voir l'année de son jubilé signalée par un acte de justice et de réparation, adresse aux évêques du Brésil une lettre relative à l'affranchissement des esclaves dans cet empire. Puis, étendant son regard sur le monde entier, pour constater tous les maux et soulager toutes les infortunes, il déplore l'état misérable des nègres de l'Afrique, et il exhorte tous les chrétiens, à quelque rang qu'ils appartiennent, à poursuivre la suppression de la traite : *Utinam omnes, quicumque imperio ac potestate antecedunt, vel jura gentium et humanitatis sancta esse volunt, vel religionis catholicæ incrementis ex animo student, ubique omnes, hortantibus, rogantibus Nobis, ad ejusmodi mercaturam, qua nulla inhonesta magis et scelerata, comprimendam, prohibendam, extinguendam enixe conspirent*. Un prélat qui est l'honneur de l'épiscopat français, dont le zèle ne connaît ni les fatigues ni les obstacles, et dont la voix éloquente est toujours éc ée avec déférence, Son Eminence le Cardinal Lavigerie, est chargé de porter à tous la parole de Léon XIII, et de prêcher une grande croisade contre l'esclavage africain. Il s it intéresser toute l'Europe à cette grande œuvre : les Anglais l'acclament dans leurs meetings; les Français, les Belges, les Allemands, les Italiens se laissent gagner par ses exhortations ; des comités se forment partout pour exécuter ses projets, et de nobles dévouements viennent se mettre à son service. Nous serions heureux de lui apporter notre concours, pour modeste qu'il soit, et de lui gagner des sympathies parmi ceux qui daignent nous lire. C'est pourquoi nous essaierons de faire connaître l'esclavage africain, et de dévoiler les excès et les crimes dont il est la source et l'occasion.

Avant de révéler à vos yeux la plaie hideuse qui ronge aujourd'hui l'Afrique, il est nécessaire, ce semble, de dire la cause qui entretient et propage le mal. Les auteurs qui veulent être sincères sont unanimes sur ce point, et tous, d'une commune voix, désignent l'islamisme. Il est vrai que maintenant l'on rencontre des hommes aux yeux desquels le mahométisme est une religion fort respectable, préférable même au christianisme, attendu qu'elle impose un joug beaucoup moins rigoureux, et qu'elle ne prêche pas à tout propos la mortification des instincts naturels. Michelet n'a-t-il pas été jusqu'à regretter la victoire de Charles-Martel à Poitiers, attendu que la France aurait alors gagné à devenir musulmane? Or, sans vouloir étudier à fond le Coran, ce qui nous entraînerait hors de notre sujet, nous devons constater que ce code religieux renferme quatre principes dont le corollaire naturel est l'esclavage. Tout d'abord, c'est un fatalisme absolu, qui attribue tous les événements de ce monde à une volonté supérieure, contre laquelle les prévisions et les efforts de la volonté humaine ne peuvent rien. En supprimant la liberté de l'homme, le Coran supprime en même temps son activité. Le vrai musulman ne travaille pas, ou ne travaille qu'à regret : l'esclave lui est donc nécessaire pour lui procurer les choses indispensables à la vie. D'autre part, tout en lui enlevant le goût et l'estime du travail, sa religion lui crée des besoins que notre société chrétienne ne connaît pas. Ainsi, elle autorise la polygamie. Le musulman pauvre, ne pouvant obtenir en mariage plusieurs femmes libres, achètera naturellement des femmes esclaves. Celui qui est riche se servira de son or pour en acheter aussi, car la tolérance du Coran à cet égard n'a pas de limites. Pour le service d'un harem nombreux, il lui faudra des serviteurs et des servantes. S'ils étaient libres, il faudrait leur donner des gages, et sa fortune bien souvent n'y suffirait pas. Il achètera donc encore des esclaves, afin de ne pas trop obérer son budget. Au reste, pourquoi se donner même la peine de les acheter ? L'islamisme n'établit-il pas une distinction bien tranchée entre les croyants et les incroyants, en sorte qu'il est toujours permis aux premiers de faire la guerre aux seconds et de les réduire en esclavage, dans le but de les soumettre à la religion du Prophète? Ne reconnaît-il pas non plus au souverain musulman un domaine absolu sur la vie et la personne de ses sujets, surtout quand ils sont infidèles, en sorte qu'il peut toujours les vendre quand il a besoin d'argent ? Les dépositions des voyageurs à ce sujet sont des plus précises : « Le sultan du Bournou, dit M. Rohlf, est lui-même un gros marchand, et les marchandises, c'est-à-dire les hommes, il se les procure par des razzias sur les peuples environnants ou sur ses propres sujets, aussi longtemps que ceux-ci n'ont pas embrassé l'islamisme. » Toutes ces causes que nous venons d'énumérer, nous montrent pourquoi le mahométisme, partout où il a pénétré, a introduit l'esclavage, ou bien développé cette institution, quand il la trouvait déjà établie. Nous pouvons appliquer à l'Afrique tout entière ce que M. de Decken dit des côtes de l'Océan Indien : « L'esclavage s'étend avec la domination des Arabes et l'influence de l'islamisme. »

Après ces considérations prélimiminaires, que nous avons cru utile de soumettre à nos lecteurs, nous allons étudier l'esclavage dans les pays de l'Afrique où il fait le plus sentir sa déplorable influence. Pour cela, nous partagerons l'immense continent noir, comme on l'a appelé, en trois régions distinctes : la première, qui comprendra le Soudan, le Sahara et le Maroc ; la seconde, qui se composera de l'Egypte et des pays qui lui étaient encore récemment soumis, jusqu'à Gondokoro et à la région des Grands Lacs ; la troisième, qui comportera toute l'Afrique australe jusqu'à Zanzibar et au pays des Hottentots.

I. En deçà de l'équateur et dans le sens de cette ligne idéale, s'étend un immense pays qui est borné à l'Ouest par la Sénégambie, au Nord par le Sahara, à l'Est par l'Abyssinie, au Sud par l'Etat du Congo et la région des Grands Lacs : vous avez nommé le Soudan. Il ne faut pas croire qu'il est stérile et inhabité, comme le Sahara auquel il confine. Quand le voyageur a traversé les arides solitudes de ce dernier pays, il rencontre d'abord des steppes couvertes de grandes herbes, puis des contrées boisées, enfin des champs cultivés, où le blé vient à souhait et où le bétail s'élève presque sans soins. La fertilité de cette contrée est telle que pour un thaler on a deux quintaux et demi de froment, et les animaux domestiques si nombreux, qu'un bœuf ne coûte que trois fois cette somme. Eh bien ! ces pays où tous devraient vivre heureux, du moins au point de vue matériel, sont devenus un enfer, depuis que des princes mahométans ont réussi à y implanter leur pouvoir. L'un de ces Etats, le Bournou, a une capitale nommée Kouka, qui est le grand marché d'esclaves de la région. Chaque lundi, on amène sur la place de Kouka au moins cinq à six mille esclaves. Il n'est pas dit, et nous ne voudrions pas faire croire que tous ces malheureux trouvent immédiatement des acheteurs, et qu'il faut multiplier leur nombre par cinquante-deux pour avoir le chiffre de ceux qui sont vendus annuellement sur ce marché. Sans doute cette marchandise humaine est offerte souvent plusieurs fois avant de trouver un acquéreur. Mais, d'autre part, songeons que les Etats voisins, le Kanem, le Wadaï, le Baguirmi, l'Adamoua, le Sokoto, le Gouandou, se livrent au même trafic. A l'Occident, au pays des Fellatas, la chasse à l'homme est dirigée par Ahmadou, digne fils et successeur d'El-Hadj-Omar, cet ennemi fanatique qui a si souvent inquiété notre colonie du

Sénégal. N'oublions pas non plus que cette chasse a lieu aussi en plein Sahara, et que les Touaregs ne s'en font pas faute toutes les fois que l'occasion se présente. Nous serons alors portés à croire que le nombre des malheureux réduits chaque année en servitude est considérable.

Nous n'entrerons pas dans les détails de cette horrible chasse, qui doit être si féconde en crimes, aussi bien dans ce pays que dans ceux dont nous allons bientôt parler. Les documents nous manquent à ce sujet, et nous tenons à être toujours exact, et à ne rien avancer que d'après des témoignages certains. Mais nous connaissons les souffrances qu'ils ont à endurer, quand ils traversent le Sahara pour arriver aux marchés du Nord de l'Afrique. Pour cela, nous n'avons qu'à examiner l'aspect de la route suivie par les caravanes de négriers. « Des deux côtés, raconte le voyageur allemand Gérard Rohlf, nous voyons les ossements blanchis des esclaves morts; quelques squelettes ont encore le katoun (vêtement) des nègres. Même celui qui ne connaît pas le chemin du Bournou, n'a qu'à suivre les ossements dispersés à gauche et à droite de la voie; il ne se trompera point. » Cette route parcourue par les esclaves est parfois de 1,100 kilomètres et plus. Les malheureux, dévorés par la soif, voudraient bien dérober une gorgée de cette eau qui leur est distribuée avec tant de parcimonie. Mais le maître a eu soin d'attacher les outres de telle manière, que leur ouverture se trouve du côté de la tête du chameau qui les porte. Lorsque l'esclave touche à la provision, l'animal s'arrête et pousse un cri pour réclamer sa part, et le maître est averti. Quand on arrive près d'un puits ou d'une source, un certain nombre d'esclaves sont exténués. Souvent l'orifice est comblé par les sables: tandis que les plus robustes travaillent à le dégager, les plus faibles ne peuvent attendre plus longtemps et meurent. C'est ce qui explique comment les voyageurs ont remarqué que les squelettes sont toujours plus nombreux à mesure que l'on approche des puits.

Ils s'en vont donc ainsi à travers le désert, ces malheureux nègres, victimes de l'oppression musulmane. Autrefois ils pouvaient gagner en ligne droite les côtes algériennes, et personne ne les arrêtait dans leur marche. Mais aujourd'hui que la civilisation règne avec la France sur les côtes, les négriers sont obligés à plus de précautions. Ils se dirigent d'ordinaire vers Touat : là, ils se séparent, les uns pour gagner le Maroc, les autres pour se rendre à Ghadamès et dans la Tripolitaine.

M. Rohlf estime à 500 le nombre des esclaves que le Soudan envoie annuellement au Maroc. Ajoutons que ce pays en reçoit aussi de la région des Fellatas par la voie de Tombouctou. Mais ce chiffre ne serait-il pas dépassé, que nous serions encore autorisés à nous indigner de voir un trafic aussi abominable se pratiquer dans le voisinage de l'Europe chrétienne. Il est vrai que le sultan oppose ce que nous pourrions appeler la force d'inertie à la pression des puissances étrangères. Il a choisi trois résidences éloignées l'une de l'autre, Fez, Mequinez et Maroc, afin de n'avoir pas une capitale proprement dite, et de ne pas être obligé d'y admettre les représentants de ces puissances: Ceux-ci, qui résident à Tanger, peuvent bien s'adresser au ministre des affaires étrangères, qui y réside aussi. Mais il répond invariablement qu'il est obligé d'en référer à son seigneur et maître; les rapports envoyés dorment dans les cartons, et les abus subsistent toujours. Heureusement la situation du Maroc est telle, que bientôt il deviendra forcément l'apanage d'une puissance chrétienne, et alors l'esclavage y sera supprimé, quelles que puissent être les réclamations des fanatiques mahométans.

Nous venons de dire qu'une autre partie des esclaves soudanais est dirigée vers Ghadamès et Tripoli. D'après M. Rohlf, que nous ne nous lassons pas de citer, le nombre de ceux qui arrivent à cette destination, serait de dix à quinze mille par an. A ce chiffre, il faut ajouter celui des malheureux qui sont morts dans la traversée du Sahara, pour se faire une idée des pertes annuelles que l'esclavage cause aux différents pays du Soudan. De la Tripolitaine, les esclaves sont dirigés vers les marchés de l'Egypte, où nous les retrouverons bientôt.

Avant de quitter les pays du Sahara et du Soudan, nous

croyons devoir dire un mot du fameux réformateur Sidi Mohammed ben'Alî es-Senousî, mort en 1859, après avoir fondé une immense association destinée à relever l'influence musulmane. Es-Senousî n'admettait pas que l'on tendît la main à un chrétien ou même que l'on consentît à le saluer : c'était donc un vrai musulman, dans toute l'acception du mot. Or cet homme, qui imposait des préceptes parfois très rigoureux à ses adhérents, était un partisan déterminé de l'esclavage, et il nous fournit ainsi une nouvelle preuve à l'appui de la thèse que nous soutenions tout à l'heure. Aussi le sultan du Wadaï, pour se le rendre favorable, avait-il la précaution de lui envoyer un certain nombre d'esclaves chaque année. Le réformateur en gardait une partie pour le service de ses zaouyas et la culture de ses oasis, et il faisait vendre le reste en Egypte et dans d'autres pays musulmans.

Son fils, Sidi Mohammed El Mahedi, continue son œuvre, et, comme lui, recommande de réduire en esclavage ou de tuer les infidèles qui refusent de se soumettre à l'impôt. Actuellement, la secte des Senoûsîya s'étend sur une foule de pays : toute-puissante dans la Tripolitaine et particulièrement dans la Cyrénaïque, elle a des ramifications dans la Tunisie, dans nos provinces algériennes, le Maroc, le Sahara, le Niger, les royaumes du Soudan et l'oasis de Koufara. Et partout où elle n'est pas réduite à l'état de société secrète, partout où elle peut se montrer au grand jour, elle prêche et favorise l'esclavage.

Que de crimes nous fait déjà supposer cette rapide esquisse de l'esclavagisme dans l'Afrique du Nord-Ouest? Quelle n'est pas notre indignation, quand nous songeons aux souffrances dont la servitude est la cause pour ces malheureux nègres ! Les voyageurs sont saisis d'horreur quand ils voient des hommes mis en vente comme un vil bétail, et d'autres hommes les examinant, leur mesurant la taille, leur ouvrant la bouche pour inspecter les dents, s'informant enfin s'ils mangent bien, afin d'être assurés qu'ils sont en bonne santé. Mais quels sentiments devons-nous éprouver, quand nous savons que ces âmes, créées à l'image de Dieu, et qui conservent, même après la chute originelle, un reste de grandeur et de beauté, se dégradent au contact de leurs nouveaux maîtres, et apprennent à leur école des vices qu'elles ne connaissaient pas, des perversités dont elles n'avaient pas eu l'idée! Toutefois, ce que nous avons vu n'est encore rien à côté de ce que nous devons voir : les témoignages vont devenir plus explicites pour les pays qu'il nous reste à visiter.

II. Nous allons maintenant nous transporter en Egypte et dans la vallée du Nil, pour voir comment s'y pratiquent la traite et la chasse à l'esclave. Comme il est naturel de commencer par étudier la chasse, nous ne nous arrêterons pas pour le moment dans les pays soumis au khédive, où les traités internationaux ne la permettraient pas, mais nous nous transporterons immédiatement dans ce que l'on appelle le Soudan égyptien, bien que ce pays se soit détaché de l'Egypte. Il a pour capitale Khartoum, devenue si célèbre par la résistance et la mort du malheureux Gordon. Voici comment les chasseurs d'esclaves opéraient il y a quelques années, avant que la ville fût tombée entre les mains du Mahdi : Cette ville renfermait un certain nombre de négociants, qui se réclamaient de la protection de leurs consuls nationaux, quand eux-mêmes ne cumulaient pas avec leur commerce les fonctions du consulat. Ils faisaient, disaient-ils, le commerce de l'ivoire, qui est assez abondant en Afrique pour donner lieu à de nombreuses transactions et pour procurer de beaux bénéfices. Mais ce commerce apparent en cachait un autre moins avouable, c'est-à-dire la traite des nègres. Comment et où parvenaient-ils à se les procurer? Ce ne pouvait être à Khartoum, pas plus que dans l'Egypte proprement dite, mais dans des pays plus méridionaux, dans celui des Schillouks et des Denkas, par exemple, et sur le Bahr-el-Abiad, ou Nil Blanc.

Voici comment ils procédaient : Les expéditions s'organisaient à Khartoum. On louait des indigènes d'un caractère belliqueux, comme les Baggaras, ou d'autres qui avaient vu leur agriculture ruinée par les exactions du khédive, comme les Berbérins : les Baggaras, qui possèdent beaucoup de chevaux, constituaient la cavalerie ; les Berbérins formaient l'infanterie. Outre ces guerriers, l'expédition comprenait des chasseurs d'éléphants, des interprètes, des commis : enfin, tous les membres pouvaient emmener avec eux leurs familles et même des esclaves. Après avoir réglé le traitement de chaque employé et préparé des marchandises pour les échanges, on partait sous la conduite d'un vakil. Ce chef n'était pas le négociant lui-même, qui ne voulait pas se commettre de la sorte, mais une sorte d'intendant qui cumulait à la fois des fonctions civiles et militaires, et qui d'ailleurs se faisait assister par plusieurs chefs subalternes.

Le premier soin de l'expédition était de fonder sur les bords d'un cours d'eau un *séribe*, sorte de village fortifié par de solides palissades, et destiné à servir d'entrepôt central et de camp retranché contre les surprises de l'ennemi. Une fois installés dans le pays, ils le considéraient comme leur domaine, et ils obligeaient les indigènes à payer des impôts, à opérer des transports, et à nourrir les soldats détachés du séribe. C'était à eux seuls que l'on pouvait vendre l'ivoire, et ils le payaient avec de menus objets d'une valeur dérisoire. C'était là une oppression que rien ne justifiait, et qui aurait dû soulever les populations du pays. Mais ils ne s'en tenaient pas là. Quand ils trouvaient que la chasse aux éléphants donnait trop peu de profits, et que leur commerce était trop peu actif, ils opéraient des razzias (*ghazûs*) et enlevaient des esclaves et du bétail. Dans ces expéditions, ils ravageaient tout, et, quand ceux qui leur avaient échappé osaient se rapprocher de leur village, ils trouvaient leurs récoltes détruites et leurs maisons incendiées : c'était pour eux désormais la famine avec tous les maux qu'elle entraîne avec elle. Aussi les missionnaires devaient-ils renoncer à évangéliser ces malheureuses populations. En 1853, le docteur Knoblecher avait essayé d'installer une mission catholique à Sainte-Croix, près de Gondokoro. Mais cette mission n'a duré que neuf ans, et en 1862, elle était abandonnée. Comment une œuvre chrétienne aurait-elle pu se développer dans une région où l'insécurité était si complète, et où l'indigène, en sortant de l'église, risquait de tomber sous les coups des négriers ?

Une fois que les malheureux captifs avaient été renfermés dans le séribe, on les conduisait à Khartoum, en se servant des voies fluviales telles que le Nil Blanc, le Sobat et le Bahr-el-Ghasal. Pour éviter d'être inquiétés, les marchands cachaient soigneusement leurs esclaves, et les entassaient dans la cale de leurs bâtiments. Baker nous raconte qu'ayant rencontré l'une de ces barques sur le Bahr-el-Girafe, il demanda au vakil ce qu'elle renfermait : il lui tut répondu que c'était simplement du blé. Mais un des officiers de Baker plongea une baguette de fusil dans le blé, et on entendit bientôt un gémissement étouffé : puis le blé s'agita et livra passage à une tête laineuse. Une perquisition amena la découverte de cent cinquante esclaves, femmes et enfants, qui étaient entassés de manière à ne pouvoir respirer. Ou bien encore, les vakils se tenaient sur le qui-vive, et quand ils voyaient un visiteur gênant s'approcher de leurs barques, ils lui faisaient signe de s'éloigner en le menaçant de leurs fusils. Ou bien, enfin, ils arboraient le pavillon d'une puissance quelconque, pour se mettre sous la protection de cette puissance : souvent c'était le pavillon turc ou le pavillon grec. Nous n'avons pas d'exemple que le pavillon français ait jamais servi à couvrir un aussi abominable trafic, et nous nous en réjouissons. Ceux de nos compatriotes qui n'avaient pas rougi de se faire négriers, se réclamaient des consuls étrangers.

Arrivés à Karthoum, les esclaves étaient ensuite conduits dans la Basse-Egypte ou en Arabie. Pour arriver dans ce dernier pays, le chemin était tout indiqué. Il s'agissait de gagner la Mer Rouge par la voie la plus courte : la traversée de ce bras de mer n'est pas très considérable, et d'ailleurs on peut éviter les croiseurs en s'abritant derrière les îles ou les rochers de la côte. Mais quand il s'agit d'arriver à la Basse-Egypte, la question est plus compliquée. Il est certain que des négriers ne craignaient pas de descendre le Nil avec leur cargaison humaine. Mais souvent, pour tromper la surveillance, ils aimaient mieux traverser le Khordofan à l'ouest, ou se servir de la Mer Rouge jusqu'à Suez : puis ils conduisaient leur caravane dans les villes de l'Egypte. Les principaux marchés d'esclaves de ce pays étaient autrefois Alexandrie, le Caire et Tantah : la traite s'y pratiquait sur une vaste échelle et au milieu des places publiques. Maintenant ce trafic n'est plus permis ouvertement ; mais il n'a pas cessé, et ceux qui veulent acheter des esclaves, savent fort bien où ils doivent s'adresser.

La réflexion qui vient immédiatement à l'esprit, c'est que le gouvernement khédivial aurait dû intervenir et mettre un terme à ces excès. Son devoir était d'autant plus nettement tracé, qu'il est soumis à l'autorité de la Turquie, et, que, en 1854, cette puissance s'est engagée envers les puissances européennes à abolir la traite. De fait, ce commerce n'est plus ouvertement autorisé, et parfois, sur l'injonction des consuls européens, on a sévi contre les marchands d'esclaves. Mais quelle autorité pouvait avoir le khédive, quand personne n'ignorait que souvent il faisait opérer des razzias pour recruter son armée, et qu'il soldait ses employés avec des esclaves, lorsque son trésor était vide ? D'ailleurs, comment les employés du gouvernement auraient-ils apporté du zèle dans la répression de la traite, alors qu'ils la considéraient comme une opération très licite ? « L'Egypte favorise l'esclavage, raconte Baker : je n'ai jamais vu un seul employé qui ne la regardât comme une institution nécessaire à l'Egypte. De cette façon, toute démonstration ostensiblement faite par le gouvernement égyptien n'est qu'une formalité pour tromper les puissances européennes. Quand on leur a fermé les yeux et que la question est ajournée, le trafic de chair humaine recommence de plus belle. » Nous nous demandons aussi pourquoi les consuls européens, surtout ceux qui se trouvent à Khartoum, le grand entrepôt des esclaves, ne veillaient pas mieux à l'exécution des traités ! Hélas ! souvent le consul est lui-même un marchand d'ivoire. S'il veut appeler l'attention sur ceux qui s'adonnent à la traite, ceux-ci répliquent en rétorquant contre lui l'accusation qu'il a portée. Que peut-on obtenir alors quand la justice n'est pas sur les lieux, et que du reste elle ne demande qu'à fermer les yeux ? Comment les poursuites pourraient-elles aboutir, quand le marchand a eu soin d'acheter la conscience du pacha par des présents, et souvent par un lot d'esclaves ? C'est pourquoi la traite a continué et continue encore maintenant.

Il y a eu cependant des hommes de cœur qui ont consacré leurs forces et leur vie à la suppression de l'esclavage en Egypte, et, bien que leurs efforts n'aient pas été couronnés de succès, nous leur devons ici un souvenir. Il s'agit du commandant Samuel White Baker, et du colonel Henry W. Gordon, dont nous avons déjà prononcé les noms glorieux. Le khédive qui gouvernait alors l'Egypte, était Ismaïl-Pacha : il avait su comprendre leur dessein et leur avait donné les moyens de l'accomplir. Baker partit le premier avec une armée qui devait lui permettre de conquérir les pays situés au sud de Gondokoro et de réprimer la chasse aux esclaves. Mais son expédition (1869-1873) n'eut aucun résultat durable : son action était paralysée par le mauvais vouloir des officiers égyptiens placés sous ses ordres, et il eut même à intervenir pour empêcher ses soldats de pratiquer la chasse qu'il était venu supprimer. Bref, après une campagne où il avait risqué sa vie pour un si grand dessein, il fut loin de trouver dans la haute société égyptienne les applaudissements auxquels il avait droit.

Il eut pour successeur Gordon, qui apporta un égal dévouement à l'accomplissement de son œuvre, et qui d'abord obtint plus de succès. Il s'empara des caravanes qui venaient du sud avec les esclaves, il châtia les négriers ou enrôla dans ses troupes ceux de leurs soldats qui voulurent se soumettre à lui, et il renvoya au Caire ceux qui ne voulaient vivre que de vol et de pillage. Comme ses efforts étaient entravés par le gouverneur général du Soudan, Ismaïl-Pacha-Yacoub, il réussit à faire rappeler ce fonctionnaire, et il fut nommé à sa place, avec des pouvoirs plus étendus et une autorité quasi dictatoriale. Le pays tout entier était soumis à l'exécrable influence du grand traitant Zubehr-Pacha, alors prisonnier au Caire, mais qui continuait ses opérations par l'entremise de son fils Suleïman. Gordon livra un combat aux 6.000 soldats de ce brigand, les écrasa, et fit un exemple en ordonnant l'exécution sommaire des principaux chefs.

Mais quand le khédive Ismaïl eut été remplacé par Tewfik, Gordon fut destitué (1879), et son successeur Reouf-Pacha permit de nouveau la traite. Sur ces entrefaites le Madhi arriva, rallia autour de lui tous les mécontents, particulièrement les traitants, et actuellement nous pouvons être certains que l'esclavage est plus que jamais florissant au Soudan. Aucun voyageur n'ose sans doute s'y aventurer en ce moment, et les témoignages positifs nous manquent pour baser notre affirmation. Nous la maintenons cependant, en nous rappelant les sympathies que les esclavagistes avaient gardées dans ce pays, et en concluant qu'elles ne peuvent pas être moins grandes, maintenant qu'il est livré à la domination exclusive des plus fanatiques musulmans. Sans doute les caravanes d'esclaves ne peuvent plus suivre la voie du Nil pour arriver dans la Basse-Egypte ; mais il leur reste les deux voies que nous avons signalées, celle du Khordofan et celle de la Mer Rouge. M. Berlioux évaluait à 30.000 le nombre des esclaves qui arrivaient, vers 1870, sur le marché de Khartoum. Nous croyons que le savant professeur ne nous contredira pas, si nous affirmons que ce nombre n'a pas diminué à l'heure qu'il est.

Ce qu'il y a de plus triste dans cet état de choses, c'est qu'il est difficile d'y porter remède. Tant que le Soudan ne sera pas reconquis sur les partisans du Madhi, — et les Anglais ne semblent pas disposés à tenter cette conquête, — il sera comme la forteresse des marchands d'esclaves. La chasse à l'homme continuera à s'y exercer, jusqu'à ce que les malheureux habitants de ce pays aient complètement disparu. Que Dieu leur vienne en aide, en inspirant aux nations chrétiennes de sages et énergiques résolutions !

III. Nous avons maintenant à parler du troisième théâtre sur lequel les négriers poursuivent leurs criminelles opérations : il s'agit, nous l'avons dit, du Congo et de tous les pays de l'Afrique australe jusqu'au Zambèze. Ici nous pouvons invoquer l'autorité de témoins nombreux, dont la véracité est indiscutable, et dont les dépositions sont souvent très circonstanciées. Quels que soient d'ailleurs leurs opinions politiques, leurs croyances religieuses, leur nationalité et leurs intérêts, ils ne se contredisent jamais dans leurs récits et dans leurs appréciations. Ce que Livingstone, Cameron, Speke, Serpa Pinto et Stanley nous ont dit, les Pères Blancs d'Alger l'ont répété après eux de manière à ne nous laisser aucun doute.

Autrefois la traite était inconnue dans les pays du Centre, et ne se pratiquait que sur les côtes du Zanguebar et du Mozambique. Plus lâches encore que cruels, les négriers n'osaient pas se risquer chez des peuplades inconnues et s'enfoncer dans des régions d'où ils n'étaient pas sûrs de revenir. C'est quand les explorateurs eurent ouvert des voies vers la région des Grands Lacs, qu'ils se hasardèrent à les suivre. Puis ils ont envahi cette contrée comme un chancre envahit un corps plein de santé, et ils domineront bientôt toute l'Afrique australe, si on ne les arrête pas dans leur monstrueuse conquête.

Quand Livingstone remonta pour la première fois jusqu'au Tanganika, il y trouva des populations paisibles, disposées à accueillir en paix l'étranger, récoltant le doura, tissant la toile et exerçant le métier de forgerons. Mais, quand il y revint quelques années après, tout ce bonheur et toute cette prospérité avaient disparu, et l'illustre voyageur ne retrouvait plus rien de ce qu'il avait admiré auparavant. Les champs abandonnés avaient été envahis par les grandes herbes et les arbustes ; les moissons avaient disparu ; les bêtes sauvages avaient remplacé les animaux domestiques. Un silence de mort planait sur les villages, dont les maisons avaient été incendiées ou s'étaient effondrées sous l'action de la pluie. Parfois, au milieu de la brousse ou parmi les roseaux des rivières, quelques misérables relevaient la tête, et, voyant qu'il n'avaient pas affaire à un chasseur d'esclaves, tendaient la main pour demander quelque nourriture.

Le lieutenant allemand Wissmann fait un récit absolument identique à propos d'un pays situé beaucoup plus à l'Ouest, et arrosé par le Lomani. Il décrit d'abord cette contrée telle qu'elle était avant l'invasion de la traite, ses grands villages entourés de forêts ou bien ombragés de palmiers séculaires, témoins irrécusables de la sécurité et de la paix dont avaient joui bien des générations. La race agricole qui possédait ce pays, y vivait dans le calme et l'abondance, attendu que la libéralité du sol fournissait facilement à ses besoins ; elle avait quelques animaux domestiques, tels que des chèvres et des volailles ; elle s'adonnait à une industrie, un peu rudimentaire, il est vrai. Cette description était encore exacte en 1881. Maintenant le Manyema a été dévasté à peu près en entier, et ses champs cultivés ont fait place à un sauvage désert. Des 5.000.000 d'habitants que possédait cette région, il serait assez difficile de dire ce qui reste.

De même encore Stanley avait, en descendant le Congo pour la première fois, rencontré un pays grand comme l'Irlande et peuplé d'un million d'habitants. Quand il revint dans cette contrée peu d'années après, il le trouva dévasté, et des témoins oculaires lui assurèrent qu'il ne comptait pas plus de 5.000 habitants. Les chasseurs d'hommes avaient passé par là.

Ces chasseurs d'hommes sont ordinairement des métis issus d'unions entre des Arabes et des noirs, et ils justifient pleinement le proverbe suivant, destiné à les caractériser : « Dieu a fait les blancs ; Dieu a fait les noirs ; c'est le démon seul qui fait les métis. »

Voici comment ils procèdent pour l'ordinaire. On les voit arriver en force suffisante, avec leurs chevaux, leurs ânes, leurs chameaux, leurs longs vêtements, leurs fusils et leurs marchandises destinées à l'échange. Si la tribu qu'ils abordent est assez forte pour leur résister, ils s'efforcent d'y semer la division. Dans ce but, ils s'attachent à l'un des chefs, lui font des présents, lui fournissent des armes, et l'engagent à prendre en main le pouvoir. Tandis que la tribu se déchire elle-même dans des luttes intestines, ils achètent des esclaves au parti vainqueur, et s'en vont ensuite. Parfois aussi ils recourent à un autre moyen, qu'ils trouvent plus commode et plus expéditif. Mais il faut que la tribu soit moins nombreuse et moins propre à la résistance. Pour plus de précautions, ils attendent le moment où les hommes valides se sont éloignés d'un village pour se livrer à la pêche ou à la chasse. Alors ils s'approchent silencieusement, en rampant dans les hautes herbes et en se glissant à travers l'obscurité des forêts : puis ils s'élancent sur le village, et le cernent en un clin d'œil. Ils font une décharge générale pour effrayer les habitants, et mettent le feu aux huttes, qui s'embrasent facilement. Les quelques guerriers qui se trouvent là et qui essaient de résister, sont massacrés : la lutte est pour eux d'autant plus inutile, qu'ils n'ont à opposer aux armes perfectionnées de leurs ennemis que des armes tout à fait primitives, des massues, des flèches et des javelots. Quant aux femmes et aux enfants, ils sont vite maîtrisés. Pour les empêcher de fuir, on met au cou de ceux qui peuvent la porter, une fourche préparée pour ce dessein. Les enfants ne sont pas attachés : où iraient-ils, les malheureux, s'ils ne suivaient leurs mères ? Puis le convoi se met en marche.

Tous les captifs ne sont pas en état de suivre la caravane. Pour leur éviter la tentation de rester en arrière ou de simuler des infirmités, les négriers assomment les traînards en leur assénant un coup sur la nuque. Parfois aussi ils les abandonnent à leur malheureux sort, c'est-à-dire à la perspective de mourir de faim ou des morsures répétées des hyènes. De temps en temps il se passe des faits que nous osons à peine rapporter. Ainsi, une femme dont on voulait augmenter la charge, fit remarquer que son fardeau était déjà bien lourd, et que, si on l'aggravait, elle ne pourrait plus porter son enfant. Aussitôt le négrier brûla la cervelle au pauvre petit, et intima à la mère l'ordre d'obéir sans répliquer. C'est ainsi que l'on marche toujours, quelquefois pendant des mois entiers, quand les stations sont éloignées du théâtre de la chasse. Il est facile de comprendre que la mortalité doit être très grande, surtout pendant les premiers jours de marche : certains voyageurs disent qu'elle n'est pas inférieure à cinquante pour cent.

Quant à ce qui se passe dans ces stations, nous n'essaierons pas de le décrire, et nous préférons citer un témoin oculaire, le P. Guillemé, un des missionnaires de Mgr Lavigerie. Voici ce qu'il nous dit d'Oujiji, le centre arabe le plus populeux du Tanganika, où aboutissent toutes les caravanes d'esclaves pris dans l'intérieur et dirigés sur Zanzibar :

« J'avais autrefois, à plusieurs reprises, visité le marché d'Oujiji ; mais à cette époque les esclaves étaient peu nombreux, et je n'avais pas vu cet odieux trafic dans toute son horreur. A l'époque de ce dernier voyage, la ville venait d'être inondée, dans toute la force du terme, par des caravanes d'esclaves, venus du Manyéma, du Maroungou, de l'Ouvira et de l'Oubuari. Les esclaves, en raison du nombre, étaient à bon marché, et l'on venait me proposer d'en racheter à vil prix, mais presque tous exténués de fatigue, de misère, et mourant de faim. Quelques-uns auraient même été incapables de faire la traversée du lac pour arriver à la mission. J'étais si pauvre que je dus les refuser presque tous, ayant à peine de quoi racheter les captifs que j'étais venu chercher, et que je devais préférer, parce qu'ils avaient été déjà instruits par nous.

« La place était couverte d'esclaves en vente, attachés en longues files, hommes, femmes, enfants, dans un désordre affreux, les uns avec des cordes, les autres avec des chaînes. A quelques-uns, venant du Manyéma, on avait percé les oreilles pour y passer une petite corde qui les retenait unis.

« Dans les rues, on rencontrait à chaque pas des squelettes vivants, se traînant péniblement à l'aide d'un bâton ; ils n'étaient plus enchaînés, parce qu'ils ne pouvaient plus se sauver. La souffrance et les privations de toutes sortes étaient peintes sur leurs visages décharnés, et tout indiquait qu'ils se mouraient bien plus de faim que de maladie. Aux larges cicatrices qu'ils portaient sur le dos, on voyait tout de suite ce qu'ils avaient souffert de mauvais traitements de la part de leurs maîtres... D'autres, couchés dans les rues ou à côté de la maison de leur maître, qui ne leur donnait plus de nourriture parce qu'il prévoyait leur mort prochaine, attendaient la fin de leur misérable existence. En voyant ces malheureux, qui n'ont point, comme ceux qui connaissent Dieu, d'espérance pour soulager leur misère, comme le cœur du missionnaire saigne, en pensant que tant d'âmes se perdent, faute d'ouvriers et de ressources pour les délivrer !

« Mais c'est surtout du côté du Tanganika, dans l'espace inculte et couvert de hautes herbes qui sépare le marché des bords du lac, que nous devions voir toutes les horribles conséquences de cet abominable trafic. Cet espace est le cimetière d'Oujiji, ou, pour mieux dire, la voirie où sont jetés tous les cadavres des esclaves morts ou agonisants. Les hyènes, très abondantes dans le pays, sont chargées de leur sépulture. Un jeune chrétien, qui ne connaissait point encore la ville, voulut s'avancer jusqu'au bord du lac : mais, à la vue des nombreux cadavres semés le long du sentier, à moitié dévorés par les hyènes ou les oiseaux de proie, il recula d'épouvante, ne pouvant supporter un spectacle aussi affreux.

« Ayant demandé à un Arabe pourquoi les cadavres étaient si nombreux aux environs d'Oujiji, et pourquoi on les laissait près de la ville, il me répondit d'un ton naturel, et comme s'il se fût agi de la chose la plus simple du monde : « Autrefois, nous étions habitués à jeter en cet endroit les cadavres de nos esclaves morts, et chaque nuit les hyènes venaient les emporter : mais, cette année, le nombre des morts est si considérable, que ces animaux ne suffisent plus à les dévorer : ils se sont dégoûtés de la chair humaine. »

Hélas ! les souffrances de ceux qui survivent ne sont pas terminées, car ils doivent continuer leur route à pied jusqu'à la côte. Les ports où on les embarque pour l'Arabie sont nombreux : mais plusieurs sont encore inconnus, du moins en Europe. Ceux qui sont signalés comme les principaux entrepôts de la traite, sont Quiloa et Zanzibar. Il est vrai que Saïd-Bargasch, le sultan de ce dernier pays, a défendu l'exportation des esclaves. Mais il a des ministres et des officiers dont la conscience est tout à fait vénale, et les remords les gênent d'autant moins, que la traite est, pour eux, nous l'avons déjà dit, une œuvre tout à fait licite. L'Angleterre et l'Allemagne se sont aussi concertées pour opérer le blocus de la côte orientale de l'Afrique : mais leurs croiseurs ne sont pas assez nombreux pour arrêter tous les négriers, attendu que ceux-ci connaissent fort bien ces parages, et que, pour faire voile, ils savent très bien choisir le vent, l'heure et l'occasion favorables. Aussi l'exportation des malheureux noirs continue-t-elle de plus belle vers l'Arabie, le Golfe Persique et les îles de l'Océan Indien. Pour mieux se dérober à la surveillance des croisières, les négriers entassent leurs victimes dans ces mêmes bâtiments que nous avons déjà rencontrés sur le Nil : « J'ai vu, disait le commandant Cameron dans sa lettre au Cardinal Lavigerie, j'ai vu les esclaves à bord des dahous arabes, accroupis, leurs genoux au menton, couverts de blessures et de plaies, mourant par manque de boisson et de nourriture, les morts liés aux vivants, et la petite vérole ajoutant sa funeste contagion aux misères dont ils étaient accablés. »

Ils vont donner aux pays musulmans des manœuvres pour cultiver la terre, des serviteurs pour remplir tous les offices de la maison, et parfois des intendants et des vizirs pour occuper les plus hautes fonctions. Nous ne parlons pas des femmes, qui sont réservées à la servitude dégradante où les réduit nécessairement la polygamie. C'est surtout l'Arabie qui les demande, cette terre d'Arabie qui n'est pas par elle-même aussi stérile qu'on se plaît à le répéter, mais qui a été stérilisée par l'influence néfaste du mahométisme. Sans l'appoint que lui apporte chaque année la race nègre, et qui est très facile à constater dans les différents types, — car tous accusent une proportion plus ou moins forte de sang noir, — il y a longtemps que la race arabe serait à peu près réduite à rien. Mais nous ne pouvons développer ici cette question, car nous n'avons pas encore montré tout le mal que les métis arabes causent à la race africaine.

Depuis qu'ils ont pénétré dans l'Afrique australe, leur exemple a été contagieux, et il est suivi maintenant par les rois nègres du pays, qu'ils soient ou non mahométans. Cameron dit à ce sujet que « les grands chefs indigènes, comme Karougo et Mwanga, sans même avoir besoin des provocations qui viennent des négriers étrangers, font la chasse aux esclaves sans avoir souvent d'autre raison que leur caprice... Ainsi, ajoute-t-il, chaque nègre veut en posséder un autre, et l'idée d'esclavage se mêle au sang africain. » Il en est résulté que les esclaves sont devenus une monnaie courante, avec laquelle on se procure du bétail, des aliments, enfin tout ce qui peut être l'objet d'un trafic. Dans certaines régions, on cède aujourd'hui plusieurs femmes pour une chèvre, un enfant pour un paquet de sel. Ceci n'a rien d'étonnant, le principe de l'esclavage une fois admis. En effet, pour avoir une chèvre, il faut l'élever ; le sel ne se trouve pas partout, et il faut parfois le faire venir de bien loin. Quant aux femmes et aux enfants, il suffit d'être le plus fort pour en devenir le maître.

Au surplus, si les métis se montrent si barbares envers les malheureux qu'ils traînent après eux, les rois nègres ne le sont pas moins envers ceux qu'ils ont réduits en captivité. Voici, par exemple, ce qui se passait à la cour du roi Mtésa, un des princes nègres qui semblaient les plus accessibles aux idées civilisatrices, et dont Stanley, en 1878, espérait faire un chrétien : Mtésa, pour satisfaire un simple caprice, faisait abattre la tête à quelques centaines de ses sujets. Il n'était pas plus tendre pour les femmes esclaves qui formaient son harem, et dont le nombre, dit-on, s'élevait à 1.200. « Voici déjà quelque temps, écrivait Speke, que j'habite l'enceinte de la demeure royale, et que, par conséquent, les usages de la cour ne sont plus pour moi lettre close. Me croira-t-on cependant si j'affirme que, depuis mon changement de domicile, il ne s'est pas passé de jour où je n'aie vu conduire à la mort quelquefois une, quelquefois deux, et jusqu'à trois de ces malheureuses femmes qui composent le harem de Mtésa ? Une corde roulée autour du poignet, traînées ou tirées par le garde du corps qui les conduit à l'abattoir, ces pauvres créatures, les yeux pleins de larmes, poussent des gémissements à fendre le cœur. *Hai Minangé* (ô mon seigneur)! *Kbakka* (mon roi)! *Hai N'yavio* (ma mère)! Et, malgré ces appels déchirants à la pitié publique, pas une main ne se lève pour les arracher au bourreau, bien qu'on entende çà et là préconiser à voix basse la beauté de ces jeunes victimes. » Le même Mtésa condamna aussi une esclave à avoir les oreilles, le nez et enfin la tête coupés, pour avoir parlé trop haut avant l'ouverture de son audience. La sentence fut exécutée sur-le-champ, en présence des Pères Blancs d'Alger, qui frémissaient d'horreur, et des indigènes de la cour, qui s'égayaient du supplice de l'infortunée. Un Père de la même Société raconte qu'un roitelet du Bukumbi lui disait avec le plus grand sang-froid qu'il venait de tuer cinq de ses femmes. Un autre de ces religieux, arrivant sur les terres du Congo belge, au Tanganika, dans le moment où un chef arabe venait de mourir, vit enterrer avec son cadavre vingt esclaves vivants. Est-il besoin de citer d'autres traits de barbarie, et les âmes de nos lecteurs ne sont-elles pas saisies d'horreur? Je n'en rapporterai plus que deux. Un chef indigène invitait un jour un missionnaire à venir se fixer auprès de lui, espérant sans doute que ce voisinage lui procurerait beaucoup d'avantages. Ne pouvant triompher de ses hésitations, il lui promettait de l'honorer en faisant brûler vivantes huit de ses femmes devant sa hutte royale. Le roi Wamba, qui habite près du Tanganika, aime passionnément la musique; trouvant que les baguettes, en frappant sur les tambours, produisent un son trop dur, il a fait couper les mains aux esclaves de son orchestre, afin que les moignons remplissent l'office de baguettes.

IV. Toutefois, malgré l'immense pitié que ces horribles détails nous font concevoir à l'égard des esclaves, notre compassion doit encore augmenter, quand nous aurons fait le compte des victimes. Pour établir ce bilan, il faut calculer, non pas seulement le chiffre des esclaves, mais encore celui des indigènes qui ont péri à la suite des razzias. Voici ce que nous lisons dans le livre que Cameron a intitulé *A travers l'Afrique :* « Pour obtenir les cinquante femmes dont Alvez se disait propriétaire, dix villages avaient été détruits ; dix villages ayant chacun de cent à deux cents âmes; un total de quinze cents habitants ! Quelques-uns avaient pu s'échapper ; mais la plupart — presque tous — avaient péri dans les flammes, avaient été tués en défendant leurs familles, ou étaient morts de faim dans la jungle, à moins que les bêtes de proie n'eussent terminé plus promptement leurs souffrances. » De son côté, Stanley, racontant une razzia opérée dans le Haut-Congo, conclut ainsi : « Dans les *cent dix-huit* villages mentionnés plus haut, les Arabes ont fait 3.600 esclaves. Il leur a fallu tuer pour cela 2.500 hommes adultes pour le moins, et de plus 1.300 de leurs captifs. Étant donnée cette proportion, la capture des 10.000 esclaves par les cinq expéditions d'Arabes n'a pas coûté la vie à moins de 33.000 personnes. » Le commandant Cameron paraît être au-dessous de la vérité, quand il dit que le commerce des esclaves cause au minimum une perte annuelle de cinq cent mille créatures humaines, et un Père Blanc d'Alger n'affirme peut-être rien d'exagéré, quand il évalue cette perte à deux millions d'indigènes.

Aussi ne nous étonnons-nous pas de la vivacité avec laquelle Cameron s'adresse à ses compatriotes, après le meeting de Londres où le Cardinal Lavigerie avait été acclamé avec tant d'enthousiasme. « Y en a-t-il parmi nous, écrivait-il récemment dans le *Good Words*, qui se font une idée exacte de ce que signifie l'esclavage en Afrique? J'aime à croire qu'il y en a très peu, ou autrement il s'élèverait, d'un bout du pays à l'autre, une tempête d'indignation et d'horreur, telle qu'on n'en aurait jamais vu auparavant.

« Je ne demande pas seulement si nous savons ce qui se passe en Afrique ; mais si nous avons véritablement conscience des crimes d'incendie, d'assassinat, de rapt, que les négriers y commettent, et quelle misère et quelle ruine ces crimes entraînent. J'espère que non : autrement je craindrais de voir le courroux céleste s'abattre sur nos têtes pour nous punir de notre apathie.

« Je crois avoir raison en n'étant pas de l'avis de lord Grandville, qui, en présentant le Cardinal Lavigerie aux personnes assemblées à Prince's Hall, supposa que tous les assistants comprendraient le français. J'aime mieux supposer que les dames présentes, mes compatriotes, ne savent pas le français, que de les croire capables d'insensibilité et d'indifférence à l'appel qui leur a été fait par le Cardinal Lavigerie en faveur des malheureux Africains.

« Le peuple de la Grande-Bretagne sait-il qu'à chaque instant une nouvelle victime est enlevée par les voleurs d'esclaves; qu'il ne s'écoule pas une heure, sans que plus de cinquante victimes soient ou tuées ou arrachées à leurs foyers, et que, pendant ce même mois d'août, où j'écris ces lignes, et durant lequel la plupart d'entre nous jouissent de leurs vacances, 45.000 nouvelles victimes sont ajoutées au nombre de celles qui, par la bouche du Cardinal Lavigerie et d'autres bienfaiteurs de l'humanité, implorent notre aide et notre protection contre quelques-uns des criminels les plus endurcis qui aient jamais souillé la terre ?....

« Je suppose que, pour chaque esclave enlevé par les chasseurs, quinze autres indigènes sont massacrés ou brûlés vifs dans leurs villages, ou bien meurent de faim dans la jungle. La perte des caravanes d'esclaves, avant qu'ils arrivent à destination, est au moins de cinquante pour cent, souvent plus; de sorte que, pour chaque esclave vendu à un propriétaire définitif, trente créatures humaines ont été détruites. Si, pour chaque paire de défenses, on apprenait qu'il y a une centaine d'éléphants tués, tous les marchands d'ivoire prendraient immédiatement les mesures nécessaires pour mettre un terme à cette destruction inutile. Et nous, ne ferons-nous rien pour sauver les milliers et les milliers d'hommes, de femmes et d'enfants dont le sort est pire que celui des éléphants, et dont le seul crime est de n'être pas capables de se secourir eux-mêmes !

« Je sais que moi-même j'ai encouragé le développement du commerce légitime et l'extension des entreprises faites par les missionnaires comme étant des palliatifs apportés à la traite des esclaves; mais, quoiqu'on ait fait beaucoup dans cette voie, on n'a pas encore fait assez, et le mal a atteint une phase tellement aiguë, que les remèdes énergiques sont maintenant nécessaires... »

Il nous reste à indiquer brièvement ces remèdes, autant du moins que nous pouvons les connaître, d'après les récits des voyageurs et les études des auteurs les plus autorisés.

V. Le premier moyen de travailler à la suppression de la traite, c'est de la faire connaître partout, avec les excès et les crimes dont elle est l'occasion. Il nous semble entendre maintenant l'Afrique défaillante pousser le cri du poète mourant : « De la lumière ! de la lumière ! et encore de la lumière ! » Car tous les trafiquants, ne l'oublions pas, ont une certaine crainte de l'opinion publique. Parmi les marchands d'esclaves, il y a des Européens, dont une flétrissure publique n'a pas encore stigmatisé le nom : s'ils savaient que leur infâme trafic sera dénoncé aux nations civilisées, ils redouteraient de le continuer. On y compte aussi des Arabes et des métis : ceux-là aussi ont peur que leurs agissements ne soient révélés. Puis, au-dessus d'eux, il y a des sultans ou des vice-rois qui craignent le blâme des nations civilisées ou les notes diplomatiques des puissances, d'autant plus que souvent ils ont besoin d'une force étrangère pour se maintenir sur le trône. Après avoir signé des traités pour l'abolition de la traite, ils ne voudront pas paraître manquer à leurs engagements, et, quels que soient leurs sentiments intimes, ils se verront obligés de la réprimer. Souvent le meilleur moyen de remédier aux abus, c'est de lever le voile derrière lequel on essaie de les dissimuler.

Et, d'autre part, en éclairant les nations chrétiennes, et en leur montrant ce que deviennent des hommes créés comme nous à l'image de Dieu, on les déterminera à prendre des moyens énergiques et efficaces pour la suppression d'un si grand mal. La parole sera suivie de l'action.

Ici, il faut distinguer l'action privée et l'action officielle. L'action privée peut être très efficace. C'est elle qui fournira l'or qui nous est maintenant demandé pour combattre les marchands d'esclaves. C'est elle encore qui enverra des hommes vaillants et généreux au centre de l'Afrique pour s'opposer, par la force armée, aux violences et aux entreprises des esclavagistes. Ainsi, un Belge vaillant, le capitaine Joubert, a réussi à organiser autour du Tanganika une petite troupe de trois cents indigènes, avec laquelle il a toujours tenu à distance les traitants. Maintenant il est à Bruxelles pour former un corps de volontaires européens, et, s'il peut enrôler cinq à six cents soldats, ce nombre suffira pour supprimer la chasse à l'esclave sur les hauts plateaux de l'Afrique, depuis l'Albert-Nyanza jusqu'au sud du Tanganika. C'est enfin l'initiative privée qui a créé et qui doit créer les comités antiesclavagistes dans les capitales de l'Europe. Londres, Paris, Bruxelles, Cologne en possèdent déjà : Madrid, Lisbonne et Rome auront bientôt les leurs. Honorés de la souscription du Saint-Père, qui prend sur son nécessaire pour leur envoyer une généreuse offrande, ces comités centraliseront tous les efforts, uniront toutes les bonnes volontés, et agiront puissamment sur l'opinion publique.

Mais ce que nous devons désirer par-dessus tout, c'est l'action des puissances chrétiennes. Si elles voulaient se concerter dans ce but, l'esclavage aurait bientôt disparu. Si elles s'unissaient, par exemple, dans une action commune, pour déterminer les princes musulmans à supprimer dans leurs Etats le commerce, même secret, des esclaves, l'Afrique cesserait bientôt de leur en fournir. Car c'est une loi économique constante et universelle qu'une marchandise est toujours offerte quand elle est demandée. Tant qu'on pourra vendre en Turquie, en Egypte ou ailleurs, des esclaves à un prix élevé, qui varie de 750 francs à 1.500 francs, selon les distances, les risques et les périls, la cupidité des traitants saura tourner tous les obstacles et ne sera jamais à court d'inventions. Elles doivent encore s'entendre pour opérer un blocus plus complet et plus général des côtes fréquentées par les négriers. La France, sans accorder à des nations étrangères le droit de visite sur ses bâtiments, aide cependant l'Angleterre et l'Allemagne dans la surveillance des côtes de l'Océan Indien. Ce n'est pas assez. Il faut que la Mer Rouge, avec ses îles et ses rochers derrière lesquels les dahous se cachent si facilement, soit si bien inspectée, que tout commerce interlope entre l'Egypte et l'Arabie devienne impossible. Il faut que Tripoli ne puisse plus être un entrepôt pour les esclaves, de quelque part qu'ils viennent, et que les côtes du Maroc et du Sahara soient l'objet d'une surveillance plus attentive. Il est encore à désirer que les nations européennes se partagent l'Afrique selon leurs moyens et leur puissance, et que ce partage s'accomplisse avec l'obligation pour chacune d'elles de veiller sur les pays qui lui auront été départis. Si le Portugal ne peut pas exercer son autorité sur le bassin inférieur du Zambèze, qu'il l'abandonne. Mais que l'on ne voie plus une nation civilisée occuper quelques points d'une contrée avec l'apparence d'une autorité qu'elle ne peut exercer, témoin impuissant de crimes qu'elle ne peut empêcher.

Enfin, pour que cette entente soit plus facile et plus complète, il est question de réunir un congrès international, dont la présidence serait déférée au Souverain Pontife. Nul, mieux que Léon XIII, ne serait capable d'inspirer à une telle assemblée les résolutions les plus sages ; nul mieux que lui, ne peut concilier les intérêts opposés et prévenir les conflits. Malheureusement l'Italie pourra intervenir et susciter des difficultés diplomatiques, et il est à craindre que le Saint-Père n'accepte pas la présidence de ce congrès. Quoi qu'il arrive, sa parole et ses enseignements porteront leurs fruits. Nous ne croyons pas que le Cardinal Lavigerie ait prononcé l'oraison funèbre de la race africaine, en révélant les maux dont elle souffre, et en dévoilant les plaies par lesquelles son sang s'échappe en si grande abondance. La délivrance viendra. Les malheureux noirs cesseront de gémir sous la menace perpétuelle qui les poursuit ; et ils répéteront, après Israël, le cantique de la délivrance : Notre âme a été délivrée comme un passereau qui échappe au rets des chasseurs : le rets a été rompu, et la délivrance est venue pour nous. *Anima nostra sicut passer erepta est de laqueo venantium : laqueus contritus est, et nos liberati sumus.*

www.ingramcontent.com/pod-product-compliance
Lightning Source LLC
Chambersburg PA
CBHW060558050426
42451CB00011B/1978